발굴된 시간

김상호 시집

문학공원 시선 86

발굴된 시간

김상호 시집

문학공원

<자서>

어설픈 조각상

바티칸에 있는 피에타 상을 보고
미켈란젤로가 되는 꿈을 꾼다
어떻게 하면 그런 꿈을 이룰 수 있을까
좋은 석재를 구하고
좋은 연장을 마련하고
피나는 노력을 해야겠지
피에타와 같은 상을 조각하려면
그처럼 위대한 작품을 남기려면
얼마의 시간이 필요할까
여기 거친 석재를 구하고
겨우 초벌 다듬기를 한
어설픈 조각상을 만들어놓았다
쪼아낸 잔돌도 버리기 아까워
이것저것 모두를 모아놓았다
걸었던 꿈의 길을 잃지 않으려고

2014년 甲午 2월 26일

青庵 金 詳 浩

<서문>

애국심과 숭모정신을 통한 마음숲 가꾸기

김 순 진(문학평론가 · 고려대 평생교육원 시창작 교수)

사람의 몸은 크게 정신과 몸, 둘로 나뉜다. 우리 주변에는 골프, 여행, 식도락 등 재미있는 것들이 너무나 많다. 그런 것들은 몸의 쾌락을 위한 것들이다. 몸의 쾌락은 축척되지 않는다. 아무리 맛있는 것을 먹어도 그때뿐이고, 아무리 좋은 곳을 구경해도 그때뿐이다. 좋은 것을 먹거나 좋은 곳을 구경하면 잠시의 즐거움뿐지만 지속적으로 좋은 생각을 하거나 지식을 많이 쌓게 되면 눈에서 광채가 나며 존경이 배어나온다. 김상호 시인 같은 분이 후자의 경우에 해당되는 분이다. 김상호 시인은 인생의 의미를 제대로 관조할 줄 아는 분이다. 때문에 김상호 시인은 그 많은 취미활동 중에 창작을 택했다.

김상호 시인께서 시를 배우고 싶어 인터넷을 검색해 고려대 평생교육원을 등록하고 필자에게 시공부를 배운지 어언 1년이 지났다. 처음 시를 배우러 오셨을 때 가르치는 입장에 있던 필자는 그저 소일거리로 시를 쓰시겠거니 생각했다. 그런데 그런 생각은 큰 오산이었음을 필자는 금방 깨달았다. 김상호 시인은 바쁜 일정에도 열심히 시를 써내셨으며, 강의 방향을 정확히 꿰뚫어보면서 누구보다 열정적으로 따라오셨다. 가끔 바쁜 일정으로 학교에 나오지 못했을 때도 그는 교재를 스스로 읽으며 공부에 참여한 다른 학생들보다 더 정확히 요점을 깨닫고 과제를 제시하셨다. 그리고 급기야 2013년에는 계간 <스토리문학>을 통해 등단하여 그토록 원하던 시인의 길을 가게 된다.

김상호 시인께서 지니고 있는 사상을 말하자면 크게 둘로 나눌 수 있다. 하나는 애국심이고 또 하나는 조상에 대한 숭모정신이다. 그의 몸은 애국심으로 뭉쳐져 있고 그의 인생은 애국심으로 일관되게 이어져왔다. 그런 생각은 시에서 모두 드러난다. 그의 생각은 걸어가는 순간에도, 잠을 자도, 일을 해도, 여행을 해도 모두 나라의 발전을 위한 생각과 조상에 대한 감사함으로 일관되어 있다. 그렇다고 해서 그의 시는 고리타분하게 지식이나 자랑을 열거하지 않는다. 보통 어른들의 작품을 보면 대부분 음풍농월조吟風弄月調의 일색인데 반하여 김상호 시인의 시를 보면 깜짝깜짝 놀랄 때가 많다. 자연을 노래해도 생의 의미를 담고, 추억을 더듬어도 미래를 관조한다. 김상호 시인의 주변 사람들은 그의 해박한 지식과 열정에도 놀라지만, 독자는 기발한 상상력과 민첩한 순발력에 더욱 놀란다.

김상호 시인은 '자서'에서 말했듯이 '좋은 시제를 찾아 헤매고, 좋은 시창작방법을 연구하며, 피나는 노력'을 통해 '미켈란젤로가 되는 꿈'을 꾼다. 그래서 '피에타 상' 같은 걸출한 작품 하나 남기고 싶어 한다. 그가 겸손을 보이느라 "어설픈 조각상을 만들었고 쪼아낸 잔돌들을 버리기 아까워 이것저것 모두를 모아 놓았다"고 말하지만 필자의 눈에는 모두 적재적소에 필요한 시편들로 보인다. 집을 지으려면 여러 가지 재료가 필요하다. 우선 나무와 벽돌, 시멘트와 자갈, 주춧돌 등이 필요할 것이다. 그리고 완성된 집을 덮기 위해 기왓장이 필요할 테고 시멘트벽을 그대로 드러낼 수 없으니 페인트도 필요할 것이다. 그처럼 김상호 시인이 써내는 시들은 우리 삶을 짓는데 필요한 재료들로 이루어져 있다.

김상호 시인은 이 모든 재료들을 포스코에서 구하고 포스코를 통해 실현해 왔다. 정신적 지주가 된 분이 박태준 선생이고 삶의 터전이 포스코개발이다. 그래서 김상호 시인은 포스코개발에서 보낸 젊음과 열정의 흔적을 첫 시집에 담고 싶은 것이다. 박태준 선생에 대한 존경과 숭모의 마음을 보내드리고 싶은 것이다. 그래서 포스코개발과 박태준 회장에 대한 영광과 숭모에 대한 것들이 이 시집의 중심 소재가 된 것이다. 그는 시인이기 이전에 대한민국 건설의 역군이다. 젊은 날에 포스코엔지니어링(주)에 입사해 평생을 바친 분이시다. 그런 만큼 자부심도 대단하시다. 김상호 시인을 비롯한 그의 세대들 덕에 우리나라가 이만큼 잘 사는 나라가 되었음을 우리는 간과해서는 안 된다.

이 시집은 크게 4부로 나뉘어져 있다. 제1부 '시는 시란다'에서는 김상호 시인의 시적 정체성에 대하여 이야기하고 있다. 시를 대하는 마음, 평소 가지고 있는 그의 생각, 그리고 그가 견지해온 봉사정신이나 애국심을 시적으로 표현해내고 있다. 제2부 '제철보국의 염원'은 그가 평생을 바쳐온 포스코개발에 대한 영광을 재현하고 이를 건설하기 위해 온 몸을 바치다 산화한 박태준 회장에 대한 숭모의 마음을 용광로에서 쇳물을 쏟아 붓듯 웅장하게, 그리고 마치 오케스트라가 코리아판다지를 연주하듯 거룩하게 표현되고 있다. 제3부 '미의 진화'는 그의 다양한 시각을 시로 표현해내 독자로 하여금 시의 참맛을 느끼게 해준다. 「미의 진화」, 「꽃의 단상」, 「발굴된 시간」 등은 첨단을 걷는 중앙시단과 보폭을 맞추어간다. 독자에게 시를 '이렇게도 표현할 수 있구나' 하는 새로운 감각의 시를 보여준다는 점에서 주목된다. 제4부. '병아리 알을 품다'는 그가 태어나고 자란 근거에 대한 술회다. 추억은 그 돛배를 앞으로 나아가게 하는 미풍 같은 것이다. 태어난 동네 「봉래정蓬萊町 4정목4町目」은 김상호 시인에게 있어 결코 잊을 수 없는 동네이며 꿈에도 찾아가고 싶은 동네이지만 그 위치를 알 수 없어 안타깝다. 어릴 적 하던 놀이, 음식, 풍습, 가구 등은 칠순이 넘은 나이에도 그립기만 하다. 엊그제 이야기처럼 아련한 추억은 시인을 소년으로 되돌아가게 한다.

김상호 시인의 마음은 한여름의 초원이다. 생각들이 청보리밭처럼 푸르게푸르게 번진다. 여기저기 생각의 나무들이 자라고 꽃이 피어난다. 그의 가정에도 그가 소속된 사회에도 그의 향그런 시향이 넘쳐 행복한 웃음이 번진다. 늦었다고 생각할 때가 적기라는 말은 김상호 시인을 두고 한 말 같다. 이 시집을 시작으로 그는 여생을 글 숲에서 야영하며 꾀꼬리 울음소리와 계곡물 소리를 듣게 될 것이다. 앞으로 그의 글숲으로 자주 소풍갈 수 있다는 생각을 하니 벌써부터 맘 설렌다. 첫 시집 상재를 진심으로 축하드린다.

제1부 시詩는 시視란다

제2부 제철보국의 염원

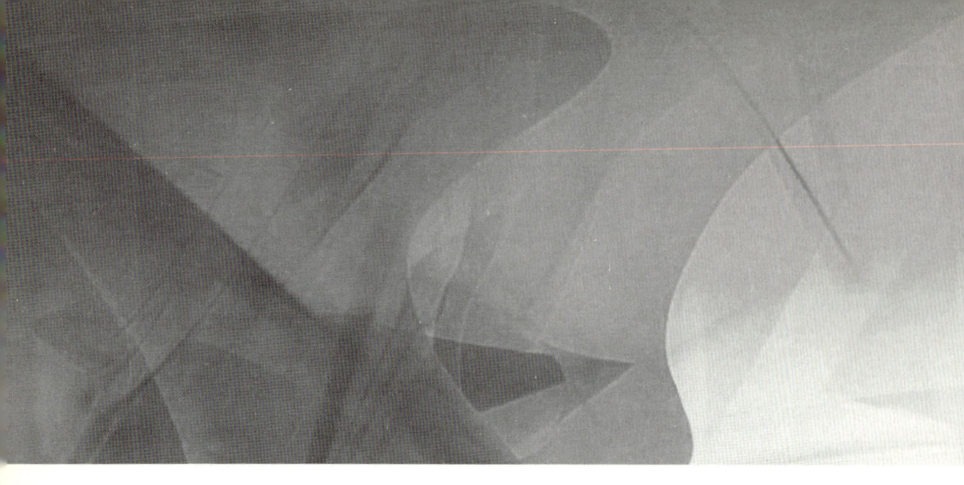

제3부 미의 진화

제4부 병아리 알을 품다

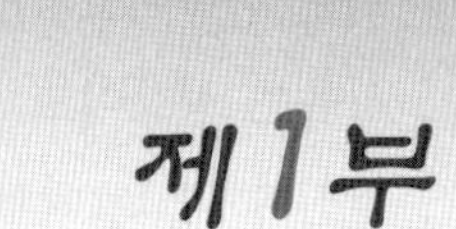

제1부

시는 시란다

외로운 이내 몸

- 새로운 세계를 꿈꾸며

70년을 다지고 가꾸니
온몸이 돌보다 단단하다
바람 들 구멍이 없다

제철보국製鐵報國으로 토해낸 정열은
용광로의 붉은 피로 흐르고
영일만과 광양만의 혼魂이 되어
곡간穀間을 채웠다

그러나 굳어진 몸은 물질문명에서 온 피폐疲弊
인류문명에 초석은 되어도 머리와 가슴은 차갑다
정신을 멍들게 하는 자살충동
지금 세상은 단지 고지점령을 위한 전쟁처럼 산다

그래서 시詩를 택한다
잔뜩 움츠린 몸을 추스르며
새로운 세상을 보려는 발버둥
굳은 마음의 텃밭을 일궈 꽃을 심자
넓은 호수를 만들어 우주를 담아보자

우거진 숲, 자연을 만들어보자
창공의 길을 열어 우주로 가보자

그리하면 또다시
내 마음에 인연의 강물이 흐르고
그 숲 속에 새들이 날아들고
석양에 물든 하늘을 담으면
온 몸에 만학의 달빛이 스며들겠지

새아침 햇살에 기지개를 펴겠지

청암青庵

파아란 하늘엔 태양이 머물고
푸르른 대지에 바다가 숨 쉬네
저 멀리 그곳 암자가 나의 고향이라 하시네

파아란 하늘은 자비의 광명으로 대지에 오고
맑은 바다는 감로수로 하늘에 이르니
우주 법계의 생명이 다 여기에 있다 하시네

그곳 고향은 나를 버리는 침묵일세!

파아란 하늘에 머리 번뇌煩惱를 씻고
파아란 바다에 마음 업業을 씻어
티 없는 맑은 깨달음 지혜智慧를 얻으라 하시네

이제 주신 나의 법명은
그곳 고향의 집에서
고독한 침묵으로 파랗게 살라하시네

어제처럼 살아온 내일도
그렇게 고향의 집에서
고독한 침묵으로 푸르게 살라하시네

해太陽

아침에는
파도에 밀려 어둠을 비집고 하늘로 솟는다
바다 위에 떠있는 모습일 때
대지는 붉은 빛의 새벽을 연다

산 위로 얼굴을 내밀 땐
천지를 덮은 안개는
풀잎과 나뭇잎의 이슬이 되어
대지를 숨 쉬게 하고
낮에는 작열하는 빛으로
대지를 달구면 약동하는 만물이
생명의 진화를 한다

저녁에는
붉은 노을로 천지를 덮는 안개가 되고
파도에 잠드는 어두운 밤에 별이 되어
만물의 생과 사를 이어간다

나는 해가 좋다

원단元旦

어제 같은 오늘이 다르지 않건만
새해 아침은 밝고 힘차다

새해 아침에는
조용한 마음의 기도로
꿈과 희망을 담아
용기 있는 삶을 시작한다

새해 아침에는
아름다운 사랑의 기도로
애증을 달래고
화합하는 평화의 삶을 시작한다

새해 아침에는
밝은 마음의 기도로
삶의 흔적을 담아
새로운 영혼의 길을 간다

어제 같은 오늘이 다르지 않건만
새해 아침에는 새로운 기도로 삶을 시작한다

동작銅雀의 기도祈禱

나는 동작의 기도로 새해 아침을 맞는다

나라 잃은 서러움에 통곡하고
희생과 고통으로 가슴 아픈 삶을 살 때
건국으로 우리의 주권과 자존과 생명을 얻게 한
이승만李承晩 대통령을 영생의 기도로 맞이한다

가난과 배고픈 서러움, 무질서로 치를 떨 때
새로운 질서로, 국가경제개발로 미래의 희망을 주고
새마을운동으로 국력을 모아 삶의 풍요를 준
박정희朴正熙 대통령을 왕생의 기도로 맞이한다

붉은 괴뢰도당이 6·25남침을 했을 때
목숨 바쳐 나라를 지키신 영령들
자유와 민주와 평화의 권리를 수호하신
위대한 애국자를 진혼의 기도로 맞이한다

건국 대통령을 영생의 기도로 위로하고
경제 대통령을 왕생의 기도로 맞이할 땐 감격하고

위대한 애국자를 진혼의 기도로 맞이하면 정열이 솟는다
그래서 나는 빛이 되고자 한다
이제 이만한 삶에서도 정권은 싸움으로, 국회는 전쟁터로
그 많은 피를 흘리고도 '낮은 연방제 통일'로 나라를 어지럽히니

영령들이시여!
이 나라를 수호하고 국태민안의 힘을 주시옵소서!
힘 있는 올바른 영도자를 주시옵소서!
자유민주의 통일을 이룰 수 있는 영광榮光을 주시옵소서!
저를 이 나라의 작은 빛이 되게 하시옵소서!

유월의 통곡[1)]

유월은 하늘이 통곡하고
대양이 눈물 흘리며
대지가 숨을 멈춘다

유월은 저들이 우리의 자유를 빼앗고
붉은 기로 이 땅을 덮으려 남침했던 날
총칼을 육탄으로 막고
탱크를 수류탄으로 막던 당신의 붉은 피가
여기 흰 줄장미가 되고
당신의 뜨거운 정열과 패기가
여기 차가운 오석烏石에 새긴 하얀 명패

충혼탑과 무명용사탑에 새겨진 당신의 육성을
우리는 결코 잊지 않으리다
그때 당신의 '신음소리'와 '대한민국의 외침'을

여기는 위대한 당신이 계신 성전
나라를 지키는 영혼이 잠든 곳

---

1)2012년 6월 2일 한국장학재단 멘티와 동작동 국립현충원 참배시.

그래서 시커먼 저들이 와서는 안 되고
조국과 민족을 파는 검은 피가 와서는 안 되는 곳

이 땅에 너희들은
이 분들의 쓰러져가는 '신음소리'를 들어보았느냐
이 땅에 너희들은
이 분들의 외치는 '대한민국의 소리'를 들어보았느냐

우리는 유월의 기도로
당신의 상처와 영혼을 위로하고
통곡하는 하늘을 눈물 흘리는 태양을
숨을 멈춘 대지를 숨쉬게 하리라

우리는 유월의 다짐으로
당신과 같이 정열을 바쳐 이 나라를 지키고
당신과 같이 국가와 사회에 책임을 다하며
당신과 같이 떳떳한 국민으로 희망과 꿈의 미래를 살아
유월의 통곡을 멈추게 하리오

푸른 한강의 잔물결

나라 잃은 슬픈 역사가
뼛속 깊이 영혼에 사무처
한숨과 눈물이 넘쳐흐르고
자주독립을 위한 민족의 정기가 질풍노도하던 강

6·25 동족상쟁同族相爭의 비극이
온 국토를 피바다로 만들어
피맺힌 한과 서러움이 넘쳐흐르고
자유를 되찾는 진군의 나팔소리가 피를 토하던 강

4·19 꽃다운 학생들의 희생은
젊음이 흘린 고귀한 피는
산하를 붉게 물들이고
새로운 민주발전의 함성이 흐르던 강

가난의 한을 벗고 잘살아보자는
국가 재건을 위한 5·16 깃발이
지축을 흔들고 간 총성과
정열의 함성이 넘쳐흐르던 강

50년간 피와 땀이 이룩한 한강의 기적이
차가운 한숨을 힘찬 나라의 동력으로
슬픈 눈물은 백성의 갈증을 해소하는 힘찬 생명수로
저 강 위에 넘쳐흐른다

그토록 쌓였던 서러움을 토하나
가슴속에 담았던 피맺힌 원한은
아직도 푸르른 강물에 지우지 못하고
이제는 밝은 태양이 넘쳐흐르는 강

달빛 흐르는 밤, 아름다운 선율로
지난 모든 서러움을 흘려보내고
미래의 희망을 이어가는 새로운 역사가
한강의 잔물결 위에 도도히 흐른다
한강의 잔물결이 넘실넘실 춤춘다

꽃피는 바다

저기 적막을 깨는 소리가 온다
동해의 파도가 검은 바위를 먹고
바닷가의 조약돌을 부수는
흐느끼는 소리로 온다

저기 어두움을 먹는 태양이 온다
동해의 붉은 해가 일렁이는 파도를 타고
영롱한 빛을 번득이며 철책선을 따라
바닷가를 걸어서 온다

저기 아침 이슬을 먹는 새벽이 온다
자욱한 안개를 걷고 기적을 울리며
힘찬 걸음으로 새벽을 여는
맑은 하늘을 머리에 이고 온다

육백 년 낙엽 진 저 산이 푸르고
검은 피가 흐르던 저 강이
붉은 피가 흐르던 저 강이
눈물을 감추고 푸른 강으로 흐른다

긴 고난의 세월 지우지 못해 숨죽여 통곡하고
주먹을 불끈 쥔 채로 서린 한을 토하던 노래들
반도가 잘려나가 그 많은 피를 토하고도
살아 숨 쉬는 비련의 노래들 이제는 꽃피는 바다다

꽃피는 바다는
넘실대는 파도를 잠재우고 또 다시
저 산을 넘는 고행을 해야 한다
다시 고통의 바다를 건너야 한다

새로운 창조의 세계를 향해서
세계의 일류를 향해서 고행을 한다

은종銀鐘, silver bell

순백의 맑은 소리는
가장 순결한 마음에서
가장 위대한 신의 축복으로
사랑의 용기와 결의를 다지고
생과 사를 연결하는 화음에서
새로운 창조를 위한 화신으로 온다

순백의 맑은 소리는
가장 위대한 사랑의 기도에서
인류의 자유와 평화로
새로운 정의와 질서를 다지고
어두움을 밝히는 찬란한 빛으로
새롭게 비상하는 영광을 얻으리라

순백의 맑은 소리는
그라운드 제로ground zero[12)]에서
쏘아올린 두 줄기 파란 불빛기둥이

---

12) 그라운드 제로Ground Zero: 세계무역센터가 있던 자리의 추모공원이름. 그 옆에 One World Trade Center라는 104층짜리 건물이 새롭게 건설되고 있는데 2014년 내에 완공될 예정임

9월 11일의 해맑은 영혼으로
악령을 쫓고 저 높은 곳을 향해
21세기의 새로운 도약을 이루리라

무궁화꽃을 피우자

그 꽃 소박하고 순수하며
아름다움을 지녔으나 생명력이 넘치고
희고 붉은 화심은 맑고 깨끗한 마음
우리 민족의 일편단심이다

바람에 흩날리는 정신을
이 꽃에 모으고 오롯이
향기와 색조에서 정기를 얻고
민족의 얼을 받아 생명을 이어가니
이 꽃을 가슴에 심으면
시련도 슬픔도 넘치는 정렬이 솟고
이 꽃을 가슴에 심으면
흐르는 눈물도 태양처럼 밝게 빛난다

지난 세월 외세의 핍박에도 이 꽃
지지 않고 무궁하게 피어
이 민족의 얼을 지키니
어이 이 꽃, 너를 사랑하지 않을 수 있으랴

거칠고 메말랐던 강산을 기름진 옥토로 바뀌어
만물이 새롭게 소생하니
한 치의 땅도 한 치의 바다도
우리는 지켜 이 강토를 보존해야 하리

잘린 허리도 잇고 삼천리금수강산에
우리의 얼 무궁화 꽃을 피우면
열린 하늘이, 하늘이 보우하사
우리의 소원 태평세월 이어가리라
위대한 대한민국을 건설해가리라

태극기를 휘날리자

너는 태극과 팔괘로 이루어지니
천지 일월과 사시 사방은
자연의 생성원리에
창조적인 우주를 담은 나라를 본다

너는 하늘과 땅을 지키고
우리 자유민주주의를 지키니
이 민족의 얼과 삶이
너의 품안에 있어
가슴을 열고 눈을 뜨고 너를 보면
사랑과 정열과 희망이 보인다

아침 게양에서 넘치는 정열이 솟고
저녁 하기에서 힘찬 내일을 약속한다
국기봉을 낮춰 잡을 때는
슬픈 일로 애도하는 눈물이지

우리는 너에게 맹세한다
이 나라를 지키고

이 민족을 지키고
대한민국의 국민으로서
책임과 역할을 다하고 오르지
너를 위해서 목숨을 바친다는 것을

그런데 국기를 부정하고
애국가를 부르지 않는 족속이
이 땅에 태어나 있으니
어찌 슬퍼하지 않으랴

현충원에 가보라!
이 나라와 민족을 지키다 산화한 영령들
그들에게 태극기가 꽂힌 애국심을 읽는다
삼천리강산에 태극기를 휘날리자

숭례문崇禮門의 복원13)

무진 2008년 2월에
촌로村老의 악령이 화신火神으로
600년의 역사를 한 입에 삼키고
검은 시체만이 축성에 널려있다

잔해는 곱게 장사지내고
골육骨肉과 화상을 입은 사지四肢는
삼척 준경묘 끝자락 깊은 산 속에서
인고忍苦의 세월을 견디어온
금송金松을 입양하여 대를 잇는다

계사 2013년, 5년간 덧집에서
장인匠人의 피나는 산고로 다시 태어나
새로운 역사의 혼을 담고
백성의 울분과 시름을 달래는 신주神主로
만년의 생명을 이어가리니
민족의 정기를 잇는 고유제告由祭를 올린다

---

13) 2013년 4월 30일 숭례문 복원 준공의 뉴스를 보고 쓰다.

동쪽을 바라보니
동방의 빛이 일어나
세계 일류국가가 되고
서쪽을 바라보니
노을 진 바다가 잔잔하여
그물 친 어부가 평안하다

남쪽을 바라보니
따뜻한 봄빛이 대지에 스며들고
동서의 화합에 웃음꽃 만발한다
북쪽을 바라보니
북풍 찬바람이 멎어
동토의 언 땅이 녹는다

위乾를 바라보니
하늘에 뜬 무지개
보배비로 나라에 축복이 되고
아래坤를 바라보니
오곡이 풍년으로
백성이 태평성세로다

한양漢陽의 전당殿堂

한양은 교육의 전당
학문과 지식을 넓히고 사람의 덕목德目을 키워
국가와 사회에 책임 있는 지도자로
높은 이상理想에 비상飛上할 날개를 단다

한양은 봉사의 전당
충忠과 의義로 나라의 간성干城을 기르고
국가와 사회를 위해 봉사하는 지도자로
국가발전에 이바지할 충량忠亮이 된다

한양은 사랑의 전당
인仁과 예禮로 진정한 인류애를 높이고
사랑과 평화를 위해 존경받는 지도자로
세계 평화와 번영을 위해 헌신한다

한양은 문명의 전당
지智 용勇 신信으로 창의적인 인재를 기르고
건학이념의 실천과 미래의 도전을 위한 강력한 지도자로
굳건한 사회공동체의 구성과 세계문화 창달에 이바지한다

한양공대의 토목은 더 높은 문명의 전당
불굴의 투지와 용기 있는 개척자를 길러
국가의 초석이 되고 국민을 위한 참된 지도자로
인류의 복된 삶을 위한 문명발달에 선구자가 된다

그래서
한양은 우리의 긍지이며 자랑이고
미래사회를 위한 영원한 등불로
국가의 초석이 되고 세계 인류발전에 공헌하리라

항아리

나의 본관은 누를 황黃씨
시조는 토지고
중시조는 물레
파시조는 가마다
어미는 일찍 떠나고 아비 손에서 자랐다
바른 사람 되라고 매 맞으며 컸고
뙤약볕에 벌도 섰다
때론 설설 끓는 방에서 담금질도 당했다
동네 여인들은 어미 없이 자랐다고
껴안고 어르고 철 따라 옷도 갈아입혀
흙 한 점 묻히지 않고 귀하게 여겨준다
때로는 할머니가 오시어
고달픈 삶을 털어놓으며 하소연하신다
사람들은 계절이 바뀔 때면 내게 시루떡을 먹이며
그저 무사하길 바라는 절을 한다
헌데, 얼마 전부터 여인네들에게 새로운 놈이 나타나
이 눈치 저 눈치 보며 힘든 서러운 세월을 산다

요즈음은 자손이 줄어들어
어떻게 대를 이을까 걱정이다

제2부

제철보국의 염원

천국天國의 환송還送[14)]

1927년 천국의 별이
동해바닷가 기장천機長川[15)] 푸른 소나무 위에 떴다
어둡고 암울한 세상에
태양과도 같이 빛나는 별

6·25전쟁으로 폐허된 나라를 제대로 세우기도 전에
논쟁과 분열로 어지러워 힘든 백성이 절규할 때
제철보국製鐵報國의 일념으로
당신께서는 희망의 선구자가 되셨지요

1968년 포항 영일만 모래밭에
박정희 대통령과 제철소 착공의 서곡을 울리고
'롬멜 하우스'에서 북풍의 차가운 모래바람을 맞으며
외로운 날을 보내셨지요

이 땅에 기술도, 자본도, 인력도 없는 불모지를
오르지 집념과 용기로 내일의 희망을 안고

---

14) 박태준 포스코 명예회장이 2011년 12월 13일 작고하시고, 2011년 12월 17일 사회장으로 치러져 동작동 현충원에 안장하다.
15) 경남 동래군 장안면, 현 부산시 기장군 장안읍

조국 근대화의 기수로
영일만의 파도소리를 들으며 고독한 밤을 지새웠지요

“이 공사는 선조의 피의 대가입니다”
“우리가 이것을 잘못했을 때는 구차한 변명 없이
우향우하여 영일만에 빠져죽어야 합니다”
“우리는 기필코 성공해야 합니다”하시며
매일 밤 홀로 신에게 기도하며 밤을 지새웠지요

자원은 유한, 창의는 무한을
공사는 오로지 품질로
국민과 약속한 공기는 전쟁처럼
무서운 진격으로 힘든 싸움을 하셨지요

1973년 7월 3일, 1기고로의 첫 출선은
당신의 붉은 피눈물이며
그 자리에서 외쳤던 대한민국만세는
우리의 감격과 당신의 힘찬 슬픈 함성이었지요

광양제철소 건설은 5·18의 깊은 상처를 달래고
나라가 재도약하는 비상한 날개
우리의 힘으로, 우리의 열정으로
세계의 경이로운 역사를 이루었지요

1992년 박정희 대통령 묘전에서
각하께서 "이 일은 아무소리 말고 네가 맡아!"하는 말씀을 되새기고
"이제야 저의 임무를 완수했습니다"라 고할 때
감격의 눈물을 흘리시더군요

당신의 업적[16]과 용기와 불굴의 투지는
우리의 생명이 되고
당신의 눈물과 슬픈 함성은
힘 찬 도약을 위한 나라의 원동력이 되었지요

당신을 그처럼 가까이서 32년간을 모셨는데
이처럼 홀연히 떠나시니 한 없이 슬프오이다

---

16) 2011년도 기준 포항제철 조강생산량 1,200만톤/년, 광양제철 조강생산량 1,800만톤/년, 초 · 중 · 고등학교 및 포항공대 설립, 청암재단 설립

나의 어버이처럼 나의 사표師表로
당신은 나의 꿈이요 희망이었습니다

그 육성과 밝은 눈빛, 그 힘찬 용기
그 호탕한 음성을 이제는 들을 수 없으니 안타깝습니다
이제 어디서 당신과 같은 이를 만나며
이제 어디서 당신과 같은 애국을 외치며
이제 어디서 당신과 같은 미래의 꿈을 갖겠습니까

아직도 어지러운 세상, 당신 할 일 남아있는데
그처럼 오셨던 길, 바삐 그곳 천국에 되돌아가시니
이제는 어려워하셨던 일, 괴로워하셨던 일
슬퍼하셨던 일 모두 잊으시고 편히 가시옵소서

저희들은
당신의 생전 모습을 기리고 마음속에 깊이 간직하며
그리움으로 당신과 함께 하겠습니다
용기를 가지고 당신처럼 조국을 위해 훌륭하게 살겠습니다
아무쪼록 천국에서 극락왕생하옵소서

* 2011년 12년 23일. 故 靑巖 朴泰俊 會長을 追慕하며

우리의 다짐

당신이 천국으로 환송하시던 날
강변에 바람이 일고
구름은 태양을 가려
빛을 거두었습니다

이제 모두의 울음은 그쳤으나
마음속 깊이 남은 슬픔은
밤하늘의 별 빛 되어
어둠 속을 흘러갑니다

지나간 시간의 침묵은
마음속 깊이 담긴 환상이
밤하늘 달빛되어 대지 위를 스쳐갑니다

가신 곳 선계仙界는 경제개발이나 종합제철의 건설로
밤 잠 설치는 고뇌가 없는 평화로운 세계
그간 저희를 잊지는 않으셨는지요

요즈음 이곳 바람과 폭풍이 옛날 같지 않습니다
얇은 싸리나무 울타리에 바람이 스며들고

집 벽에 비바람이 들이치니
당신의 혼령魂靈이라도 둘러쳐야 될 것 같네요

청명한 날에는 그곳이 보일까
하늘을 올려 보고
비 내리는 날에는 빗줄기 타고 오시나
창밖을 보지요

저희들 가는 길 멀지 않아도
늘 당신을 지팡이와 거울로 삼아
나라와 국민을 위해 봉사하고
유업을 받들도록 최선을 다하렵니다

오늘 여기 당신 앞에 선 새싹들은
당신과 같은 불굴의 투지를 갖는 인격체가 되고
당신과 같이 나라에 책임과 의무를 다하는 건아로
새 역사를 이루고저 다짐합니다

* 2012년 6월 2일. 한국장학재단 멘티와 동작동 국립현충원 박태준 총리의 묘소 참배시.

포스코인의 혼

이 육신의 마음과 정신을 하나로 모아
불굴의 투지와 용기를 심고
영일만과 광양만의 불모지를
제철의 옥토로 가꾼 정열

어둠을 밝히는 횃불로 뒤늦게
새로운 문명의 발달을 위해
고난과 시련을 극복한
위대한 희생이며 눈물이다

이천팔백만 톤 생산을 위한
마다마디 함성은
이들 역군의 피와 땀으로
애국을 위한 충절이며 봉사이다

이 전쟁의 승리를 위한
롬멜하우스의 우향우 정신은
포스코의 기업문화가 되고
새로운 창조를 위한 신화가 된다

포스코의 이 성역聖域은
그 누구도 범접犯接하지 못한다
범접해서도 안 된다
이들 역군만이 지킬 의무이며
책임이며 전통이다

하늘에 계신 청암靑巖의 혼이 오늘도
이 벽을 통해 나에게로 오고 계시다
이 조형물에 새긴 오만여 명의 붉은 혼이
세계를 밝히며 만대를 이어가리라

포스코의 신화

1.
그처럼 오랜 세월의 적막을 깨는
새아침의 기적은
가난의 땅 영일만의 솔밭 사이에
일렁이는 파도소리로 오고

그처럼 오랜 세월의 가난을 깨는
새아침의 함성은
해머소리가 모래밭을 헤젓고
찬바람을 맞으며 새벽에 온다

어찌 그 긴 서러움을 참았는가
어찌 그 큰 함성을 이제야
저 동녘하늘을 향해 토해내는가
참았던 눈물이 참았던 서러움이
태양빛 붉은 용광으로 흐른다

2.
저녁노을이 붉게 물든 서쪽하늘에
남도 해변의 기적은

광양만의 금빛 노을섬에
옥토를 일구는 뱃고동소리

그토록 오랫동안 쌓였던 감정은
지리산 남쪽바다에 묻고
새로운 세상을 만든 정열이
노을빛 붉은 쇳물로 흐른다

3.
이토록 우리의 절규는
이토록 우리의 간절한 눈물은
민주의 함성보다도 더 절박한
수천 년의 배고픈 가난을 씻는
애절한 절망에서 온다

이는 선조 피의 대가로
우리의 피와 땀으로 일군 성지
제철보국의 신념과 우향우 정신이
이룩한 새 역사로
포스코의 신화요 정신이다

영일만, 포항제철소

조용한 아침 붉은 해가 솟는다
동해바다를 붉게 물들이고
저 끓는 물을 마시며
솟는 태양을 가슴으로 맞이하던 곳

당신은 형산강의 탯줄로 잉태하고
수억 년을 곱게 자란
미래의 꿈을 실은 땅
태평양으로 나아갈 기점에서
오래도록 파도로 굳게 다져진 몸

제철입국의 꿈을 이룰 대지로
새로운 문명의 발생지로
태양을 맞이하는 뜨거운 가슴에
세계 철강의 메카로 간다

모래바람

당신은 흔들지 않고는 못살고
당신은 쓸지 않고도 못살지 허나
바람든 마음은 사랑에 빠지고
바람난 마음은 가슴을 울리지

바람아 불어라!
영일만 바다에서 퍼 올린 모래
알알이 가슴에 뿌려도
시리지 않은 열정으로 내일을 향해 가리라

바람아 쓸어라!
사막에 뿌려진 앙칼진 모래
알알이 가슴을 후벼도
지치지 않는 열정으로 내일을 향해 가리라

당신이 아무리 악랄해도
가나안 땅의 꿀을 찾아
바람든 마음으로
당신과 함께 고행의 길을 가리라

롬멜하우스

박정희 대통령의 명에 따라
제철입국을 위한 전쟁의 선포로
1968년 포항 영일만에
한국의 롬멜작전이 전개된다

전황은 국민 소득 81불
나라의 수출은 5억불
보릿고개로 국민들의 배고픔에
전비도 병력도 장비도 없다

전장은 황망한 해변의 모래밭
사주경계도 할 수 없는 벌판에
강한 북풍만이 바닥을 쓸어
몸속에 사주砂洲를 만든다

벌판에 홀로 선 롬멜하우스
뜨거운 태양빛 모래바람을 막고
전쟁의 승리를 다짐하는
사막의 외로운 눈물이다

우향우 정신

기도는 신과의 약속
결연한 의지를 다지고
꿈을 실현하는 마음의 행로

신병의 병영훈련은
전투를 위한 심신의 단련으로
싸움에서 이기는 병법을 배운다

"이 제철소의 건설은 우리 선조의 피의 대가로 짓는 것입니다
실패할 때 우리는 우향우로 저 영일만에 빠져죽어야 합니다"
영일만을 향한 우향우는
성공의 결의를 다지는 결연한 주검의 약속

성공의 신화를 창조한 우향우 정신은
포스코의 기업문화
역사적 가치로 맥을 잇고
그 정신 길이 보존해야 하리

환희, 그 슬픈 눈물

우담바라! 질곡의 세월에 꽃피고
석불이 흘리는 눈물은
나라의 비운과 기쁨에서 온다

오천 년 가난의 퇴치로
잘살아보자는 새마을운동이
방방곡곡에서 진동하니
천지가 희망으로 가득하다

5년여에 걸친 포항 1기 고로전쟁[17]에서
토해내는 승리의 붉은 쇳물은
대한민국만세는
환희였으나 고뇌에 찬 슬픈 눈물
오천 년의 한이 서린 감격이리라

회안의 세월을 견디고 핀 우담바라
새로운 역사의 꽃으로 희망의 등불로
그때의 감격은
부국을 향해 가는 미래의 자부심이리라

---

17) 포항제철 제1기 고로는 1973년 7월 3일 준공되었다.

민주야! 너는 조금 쉬었다 가자
허기나 채우고 가야하지 않겠나

제3기층 신생대

우리나라 국토는 제3기층
고생대 중생대 신생대로 나눈다
포항 영일만 일대는 신생대로
아직 어린 나이로 자라고 있는 지역
사춘기 시절이라 성질이 지랄 같다

땅도 제법 나이를 먹고
중년을 지나야 점잖은 성인구실을 하는데
신생대는 아직 굳지 않은 암반으로
이토 층의 풍화가 변덕이 심하고
성질이 까다로워 다루기가 쉽지 않다

겉보기는 화강석처럼 단단해도
물만 먹으면 몸을 가누지 못하고
코로이드성[18]의 입자로 하나하나 따로 노니
그 놈의 성질을 어찌 맞춰주어야 할지

---

18) 토사가 미세한 입자로 분리되는 현상

그래도 심성을 달래고 잘 받아주니
삐뚤어지지 않고 애 먹이지 않고
올바르게 커 큰 인물이 되었다
장하다, 참 잘도 컸다!
이제 보니 늠름하구나!

영일만의 땅

제철소 부지의 기반암 깊이는 평균 25m
표층은 모래질 토사로 10~15m, 그 밑은
점토나 실트층으로 7~10m, 그 밑은
사력질층으로 깊이가 3~5m이다

철강설비는 무거운 기계로
지반위에 그냥 설치하면 약한 지반이
힘들어 몸속에 담아둔 물을 내뿜으면
땅이 주저앉아 설비의 기능을 마비한다

설비의 안전과 성능보장을 위해
쇠말뚝이나 콘크리트말뚝을 박고
알맞은 콘크리트나 강구조를 설치한다

아직도 성년이 되어가는 중이라
물만 보면 겁을 먹고 기력을 잃어
몸체를 가누지 못하고 엉망이 된다
그래도 성질을 부리지 않고 잘 따라준 네가 고맙다

자원은 유한, 창의는 무한

지구의 허파를 잘라내고
아프리카의 사막도 먹고
그 많은 자원을 초토화하니
인간이 지구를 요절내고 있다

인류의 생명보존과 행복한 삶이
지구의 온난화로
기후의 변화로
자연의 재난이 쉴 사이가 없다

이를 어이할꼬! 자원만으로 살지 않는
창의로 사는 방법을
최소의 자원으로 과학적 창조로
인류의 문명을 발전시켜야지

일찍이 지구를 걱정하는
지도자[19]의 캐치프레이즈는
지구사랑과 인류의 깨달음을 주는
미래의 현명한 삶의 방식이다

---

19) 박태준 회장.

소리 없는 전쟁

영일만 모래벌이 진동한다
대포 기관포 대공사격은 아니어도
중장비소리 해머소리는
고지점령을 위한 진격의 나팔

일관제철소의 22개 공장을
36개월 만에 완성해야 하고
공기도 2차 3차 단축해야 하니
보급의 중지나 지연되면 패한 전쟁

토건공사는 PEC[20]의 설계로
조달이 늦으면 약탈을 당한다
각기 전쟁의 승리를 위해
작전의 선점을 위해 약탈을 한다

지금처럼 컴퓨터도 없는 시절
티자(T), 삼각자(△), 제도판 위에서

---

20) PEC: POSCO Engineering Co. Ltd

타이거계산기[21]나 수동자계산기[22]를 돌리며
신명을 받쳐 일한 것은
전쟁의 승리를 이끈 원동력

밤낮도 주말도 공휴일도 잊고 365일
소리 없는 전쟁을 치른 PEC친구들
누구보다 고생한 동지들이 고맙고 대견하다
역사는 잊지 않겠지, 포스코는 알고 있겠지

---

21) 1960~70년대에 사용했던 수동계산기
22) 삼성전자가 생산한 세칼계산기(Secal), 이후 1976년 KEC로부터 64kbyte 하드디스크 80Mbyte 미니전산기를 도입하여 사용하다

광양만, 광양제철소

한반도의 기를 남해바다로 막아 지리산에 혈穴을 맺는다
그 아래 남단 가야산 앞뜰 명당이
어머니의 태반으로
섬진강과 수어천의 탯줄을 잇고 숨 쉬던 곳

여수만의 뱃길 따라 일백여 리
하늘에 순응하고 태어난 순천만을 곁에 두고
조용히 살아온 천혜의 보고로
새로운 역사를 기다렸던 땅

이순신 장군이 한산도대첩으로
왜적을 무찌르고 나라를 보존했던 곳
따뜻한 빛을 받아 어부가를 부르며
태평세월을 노래하던 곳
10.26사건으로 나라가 통곡할 때
이 땅은 드디어 이 세상에 빛이 된다

국보위를 통해 2년여 동안 정부를 설득하고
제2제철소 부지로 선정되니

새로운 호남의 밀알로

광양의 신화가 남도의 기적이 된다

금빛 쇳물 섬으로

잔잔한 호수에 달이 차면
맑은 금모래 빛
들물에 금빛호수의 섬 금호도金湖島가
날물에 쇳물을 쏟아내는 섬이 되는구나

광양만 뱃노래로
들물 날물에 섶을 심고
해태로 명을 이어 오던 곳
500만 평의 돌그릇護岸을 만들고
섬진강의 모래를 퍼 올려 옥토를 일구니
쇳물을 쏟아내는 황금빛 섬이 되는구나

선현의 예지로 지은 이름이
제2제철소의 새로운 역사로 태동하니
애끓는 지역의 한恨도 묻고
새로운 부국의 길로 역사를 이어가는구나

광양만의 땅

제철소 부지의 기반암 깊이는 평균 25m
표층은 느슨한 모래질로 10~15m, 그 밑은
점토나 실트층으로 7~10m, 그 밑은
사력질로 깊이가 3~5m이다

지반은 제3기층의 중생대
느슨한 모래나 실트질 점성토의 안정을 위해
하중재하방식 모래말뚝 모래다짐말뚝을 박아
지반을 침하시키고 안정화시킨다

설비의 성능보장을 위해 포항처럼
쇠말뚝이나 콘크리트말뚝을 박고
알맞은 콘크리트나 강구조를 설치한다

아직도 성년이 되어가는 중이나
물속에서 나이를 먹어 겁이 없고
그래도 몸체를 잘 가누어 어른스럽다
나이 먹은 만큼 행동도 점잖다

영점관리Zero Defect

도자기는 도공의 거친 손과 불에도
고귀한 자태로 아름답게 태어나고
새들은 나뭇가지에 집을 지어도
설계나 감리 없이 잘도 짓는다

영점은 점 없는 완벽한 선으로
자르고 붙이고 다듬는 것이
면과 일치하는 것

제철소 건설의 품질은 영점관리
재료 설계 시공의 품질은
조업도 영점관리 대상이다

포항의 발전소 고로공장의 거친 품질은
다이너마이트 폭파로 버리고
광양 4기 발전소의 거친 품질은
토요일 다이너마이트가 없어
전 직원이 해머로 밤새도록 때려 부쉈다

철저한 영점관리로
품질은 완벽했고
제철공장의 수명은 100세를 넘긴다
그래서 아직도 공장이 잘도 돌고 있다

또 다른 시작이다

장정長程은 먼 길을 떠나는 여로
목적지를 향해 걷는 고행이다
1968년 보이지 않는 고지를 향해
출발한 행군이 포항 영일만을 거쳐
1982년 광양만에 이르고
1992년 역사적 대장정은 막을 내린다

영일만 10년 전쟁에서 거둔 전과는
태양빛 쇳물 1,000만 톤
광양만 10년 전쟁에서 거둔 전과는
금빛 쇳물 1,200만 톤
국민 일인당 500킬로그램 산업의 쌀이다

포항 광양의 전쟁 성과로
지금의 전황은 국민소득 25,000불
수출 5,000억불로 배고픔을 접고
전비도 인력도 기술도 짱짱하다
철강전쟁의 전투력 증강은
세계의 열강과 겨룰만하다

새로운 전쟁의 전열을 가다듬고
제3의 전쟁을 준비해야 한다
이제 또 다른 대장정의 시작이다

첫 경험의 추억

첫 경험은 익숙하지 않아 서툴고
서투른 실수는 지워지지 않는 추억이다

설비는 동력에 의해 구동되고
구동된 기계는 회전에 의해 힘이 전달된다

진동기계기초설계의 기본은
Fn[23]/Fm[24]≠1이 되고
Fn/Fm<1이면 High-tuned 기초로
Fn/Fm>1이면 Low-tuned 기초로
공진의 영역은 1.4>η[25]>0.5가 되게 한다

첫 경험은 원료처리설비의 크랏샤[26] 기초가
공진영역으로 설계되어 온통난리가 났다
뒤늦게 기초의 강성을 높이고서 조용해졌고

---

23) Fn: 구조물의 고유진동수
24) Fm: 기계의 회전수
25) η=Fn/Fm
26) 원광석을 잘게 부스는 기계, 1970년에 설계

소결공장의 그릴레지 슈[27]가 판좌굴로 주저앉았다
겨울에 조업을 하며 2개월 간 원상 복구한 추억이 있다

광양 열연공장 스케일피트[28] 가설 설계에서
탄소성설계의 이론이 정립되지 않은 상태로
설계된 것이 시공부실로 붕괴되어
초로의 밤이 엉망이 되었다
다행이 서방으로부터 혼나지는 않았다

지난 30년간 세월에서
첫 경험에 당황했던 서툰 솜씨가
지금은 행복한 추억으로 남는다

27) 그릴레지 슈(Grillage Shoe) : 소결공장 원료저장조 기둥의 힌지 접합 기초의 형상, 1976년 설계
28) 열연공장의 스케일(Scale)을 처리하는 수처설비, 1984년 설계

이 언덕을 걸으며

인생은 걸어가는 것
가는 종점은 있어도 언제 도착할지 모른다
가는 길이 험해도
가는 길이 아름다워도 모른다

인생은 선택하는 것
잘된 선택이라도
잘못된 선택이라도
탓하지 못하고 자기의 몫으로 그냥 걸어가야 한다

인생은 허망하다는데
허망을 느끼고 살면 허망이고
기쁨을 느끼고 살면 기쁨이지
허망하더라도 마음에 담고 그냥 걸어가야 한다

이 언덕을 걸어온 외길이
선택이든 인연이든
기쁨이든 허망이든
보람이든 자랑이든 후회 없이 걸었다
남은 길도 이렇게 동반자와 걸어가리라

고통의 삶

지리산 천왕봉에 회색빛 고목나무 장승처럼 서있다
벼락을 맞았는지 상처도 심하다
어떤 연유로 이곳에 와서 살았는지
양지바른 곳 야트막한 산자락에
이웃과 오순도순 지내도 좋으련만

봄여름도 차가운 냉기로 몸살을 앓고
겨울의 풍설風雪로 솔잎바람 막혀
세찬 바람에 잔솔가지 잘려나가니
그 아픔이야 오직했으랴
몸에 두른 홑이불로 엄동설한에 무쇠인들 견딜 수 있나

높은 창공은 차가운 하늘
매鷹도 날지 않고
벌 나비 새들도 찾지 않는 곳
외롭게 살았구나

얼마나 힘들었나
인내의 한계 허물고 드디어는 알몸을 내어주어
주검으로 깨어진 상처만 안고 장승처럼 산정을 지키니
고통의 삶, 인생무상人生無常이 너와 다르지 않구나

* 1980년대 광양제철소 건설로 광양에 근무할 때 지리산을 등반하면서 산 정상의 죽은 주목나무들의 모습을 회상하며.

계사년 원단 · 1

- 朴正熙 大統領 墓所를 參拜하며

安東金氏 書雲觀正公派 第23世孫 金詳浩 내외가 계사년 원단에 박정희 대통령님, 육영수 여사님 묘소에 참배하고 다음과 같이 고(告)합니다

지난해(임진년) 12월 19일 박정희 대통령님의 영애 박근혜가 국민의 51.6%의 지지를 얻어 대한민국 제18대 대통령으로 당선되었습니다 기뻐해주시고 역사에 길이 남는 대통령이 될 수 있도록 보살펴 주십시오

국방과 외교로 나라를 튼튼히 하고 자유 민주국가를 철통같이 지키며

법치국가를 이룩하게 하시고 국민경제의 대통령이 되게 하십시오

지역 간 계층 간 갈등을 없애고 통합의 대통령이 되게 하시고

남북통일의 초석을 이룰 수 있는 대통령이 되게 하십시오

선정으로 국민의 신임이 두텁고 훌륭한 대통령이 되게 하여 주십시오

이제 대통령님 내외도 극락세계에서 모든 시름 놓으시고 영안하십시오. 상

향

계사년 원단 · 2

- 靑巖 朴泰俊 總理의 墓所를 參拜하며

제철보국의 영령이시여
임진년(2012)12월19일 제18대 대통령 선거에서
국민의 51.6% 지지로
박근혜(朴勤惠) 후보가 대통령으로 당선되었습니다

이제 새로운 시대의 서막을 여니
당신이 흘린 땀과 피의 포스코
당신 품에 그대로 있어
당신의 영혼을 이어가리

난립과 과잉생산으로 맞는 경영위기는
당신의 지혜로 극복하고
경쟁과 불황의 세계적 위기는
당신의 용기와 투지로 이기리

당신이 가신지 1년
육신은 보이지 않으나
영혼은 내 마음속에 있어
이 기도로 그리움을 달랩니다

제3부

미의 진화

갈증渴症

- 11월 29일 결혼기념일 45주년에 부쳐

산이나 들이나 산업현장에서 흘린 땀은
목마르지만 행복한 삶의 조건이다
높은 곳을 오르고
깊은 곳을 채우려면 심신이 젖는다
희망을 이루고
사랑을 주려면 목이 탄다

오르고 이루는 것이 운명이고
주어야하는 것이 숙명이라면
이제껏 주고도 다 채우지 못해
아직도 비어있는 당신의 갈증에
오늘 무엇을 드려야 할까

오늘도 채워주려 찾아보지만
아직도 비어있는 그대의 마음
그 깊은 곳을 사랑으로 채우면 될까
말로는 정말 다 채우지 못하는 걸까

시간

하늘에 기를 받아 힘들여 나를 낳더니
이제는 나를 죽이려 한다
에이, 천하에 못된 자식!
세상에서 제일 악질은 존속살인자尊屬殺人者
제 자식을 죽이려는 바로 당신이야
알갔나! 이 나쁜 놈아

내가 비록 너에게 죽임을 당해도
조용히 그냥 갈 내가 아니다
하고 싶은 거 다하고
누리고 싶은 것 다 누리고
후회 없이 여기를 떠날 거다

너에게 오직 바라는 것은
내가 갈 때 개 잡듯 하지 말고
안락하게 편안히만 가게 하라
알갔나! 이 나쁜 악질놈아
제 자식을 죽이는 천하에 못된 놈 같으니
에이, 천벌을 받으리라

키릴 악셀로드[29]

우리는 태어날 때
온전한 인간을 축복하고
완전한 인간이기를 기원한다

듣지도 말하지 못하는 것은
완전한 인간이 아닌 장애라 한다

눈을 뜨고도 제대로 보지 못하고
귀를 갖고도 제대로 듣지 못하고
마음속에 차가운 욕망만을 담은
온전한 인간이 정말로 장애인이다

보지 않고도 바르게 가고
듣지 않고도 바른 말하고
마음속에 진실한 사랑과 꿈을 담으면

---

29) 키릴 악셀로드 신부는 남아공 신부로 시각 청각장애자다. 남아공은 인간차별이 심해 이들에게 용기를 주고 힘을 주셨다고 한다. 이날 방송에서 우리나라 신부 두 분이 나와 키릴 신부의 시각 청각에 대한 영어수화를 우리나라 말로 번화한 수화를 통역하는 절차를 거쳐 방송했다.

장애인이라도 정말로 완전한 인간이다

마음은 보지 않고도 보고
듣지 않고도 듣는다 그래서
마음은 우주를 보고
우주를 가슴에 담는다

키릴 신부의 장애는
하나님이 주신 축복으로
온전한 인간이 되어
완전한 장애인에게
진정한 힘과 용기를 주신다

* 2013년 6월 25일 방송된 TV 프로그램 <아침마당>을 보고

암석岩石

돌은 태생이 강하나
반항하지 않고 늘 순응한다
어려운 환경에서도 불만이 없고
인내로 소임을 다한다

돌은 스스로 말하지 않는다
깊은 사색으로 인도하고
세상이 남긴 글만을 보여줄 뿐
몸으로 말하는 충신이다

사람이 돌만 같으면
세상을 뒤집을, 세상을 어지럽게 할
간신배들이 태어나지 않아
바른 정사가 이루어질 것을

돌은 자기 몸을 깎는
살신성인殺身成仁의 정신이 있다
자기 몸을 깎아 혼을 담으면
새로운 생명이 탄생하고

문화와 예술의 꽃이 된다

돌은 스스로를 지켜
우리에게 행복을 준다
아늑한 생활공간을 만들어
인류 문명을 이어가는 생명을 준다
꼭 우리 아버지를 닮았다

미의 진화

최근 대한민국에
새로운 항성恒星이 안착했다
이전에 없던 ET가 새롭게 출현했다

노랑 배추머리 빈대 코에 잠자리안경 메기나 복어 입에 검은 루즈 풍선유방 오리궁둥이 88진바지 조선무다리에 50cm 짧은 치마 70도 하이힐 배꼽티 오색 손발톱 타조의 화신 매미날개 옷을 걸친 괴물이 비틀비틀 어색한 거름으로 거리를 쓸고 다닌다

단아한 여인의 댕기머리
속적삼 받쳐 입고
노랑저고리 옥색치마에
사뿐히 걷는 버선발에 고무신이 그립다

미美는 전위나 행위가 아닌 자연의 순수한 모습
21세기 미의 진화는 어느 행성의 ET가 출현할지
몽땅 벗고 알몸으로 오는 것은 아닐까

꽃의 단상斷想

오십억 살 지구에서 내가 받은 유전자는
자신을 위한 삶이 아니라
우리들을 위한 봉사와 희생인가
우리가 너의 허리를 잔인하게 잘라도
흘린 피를 멈추고
그 아픔을 이기고
같은 모습에 같은 향기의 꽃을 피운다
꺾이는 아픔을 너는 어떻게 위로慰勞 받느냐
동토凍土에 묻은 너의 잔뿌리는 어떻게 겨울을 이기느냐
내가 모르는 새봄을 너는 어찌 아느냐
너는 졌다가도 새해가 오면 다시 피지만
우리는 한 번 지면 다시 피어나지 못한다
그래서 꽃송이 질 때 통곡으로 자식의 연을 잇는다
너의 바램은 무엇이냐
바람이 흔드는 전위에 화궁花宮을 열고
벌 나비의 화관무 속에 또 다른 너를 잉태하는 것이냐
우리는 너의 끈질긴 인내와
강한 삶의 의욕에 조건 없이 복종한다

복어 화석

- 김순진 교수 시집 『복어 화석』 출판에 부쳐

사랑할 때 가슴이 뛰고
여인의 손을 잡을 때는
떨리는 손에 경련이 인다
모처럼 용기를 내 품으면 정신을 잃지

초산이 제일 어렵다는데
30년 전 초산을 치루고
여러 아이들을 두었어도 이번에 또
출산을 했으니 힘이야 들었겠지만 초산만 하랴

이번엔 딸의 이름을 『복어화석』이라 지었으니
어려서 마음속에 담은 꿈
바닷물을 다 담은 듯 가득하고
그 시절 애달픈 생활을 화석으로 찍으니
어이 지워지겠는가

거친 바람 잠재우고 포근히 바람일어
나그네의 처진 어깨를 세우고
메마른 대지에 단비를 내려

새로운 싹을 틔우리라

나만의 사랑이 아니라
국민의 넓고 큰 사랑 받아야지

당신의 출산을 축하합니다

인터넷 바다

자연의 바다에는 살아가는 질서가 있다
인터넷 바다 SNS에는 질서가 없는
그저 자유의 영역으로 소통의 장이다

모두가 독방에서 침묵으로 살다가
진실한 사랑의 대화를 잃고
어지러운 세상사를 담은 속마음을 열어
폭로와 저주와 풍자만이 난무하는 공간

바다에 뿜어내는 이 함성은 시간에 묻혀
치우지 못하는 화석의 쓰레기로 변질된다
몇몇 큰 고기는 송사리의 꼬리를 물고
진한 독을 뿜어 주검의 바다를 만든다

21세기 이 문명의 공간은
못 다한 사랑과 그리운 정을 나누고
아름다운 대화와 시詩가 넘치는
어두움을 밝히는 빛이면 좋으련만

그래도 이 바다에 들면
넓은 세상에서 때로는
못 듣던 사연을 듣고
못 본 세상의 정겨운 풍경을 읽는다

그 바다에 들어 유영하는 나는
이름 없는 물고기
늘 외로운 함성으로
혼자 사는 침묵의 바다다

지상파 방송

모두가 악을 쓰고 있다
아나운서도 상품의 선전도
흥분의 도가니에서
펄펄 끓고 있다

얼굴 팔린 지명도에
말쑥한 차림새로
죽을 듯 핏대를 세우고
몇 년째 똑 같은 말로만
국민을 세뇌洗腦시킨다

방송의 공적 책임과 국민의 권익보호는
이미 장사지낸 듯 보이지 않고
자본시장에 포위당한 CM송만이
사도 때도 없이 주절거린다

민주적 여론 형성은
아나운서의 성향과 편견으로
가십gossip과 짧은 식견으로

국민을 호도하고 있어
방송을 보기가 메스껍다

국민의 문화향상은
전통문화의 계승 없이
온통 벗고 흔들고
한류韓流에 함몰되어
시끄러운 잡소리만이 울려 퍼진다

인간존엄의 가치와
민주적 기본질서를 존중하고
국민의 화합과 조화로
국가발전에 이바지해야 하나
그러한 조짐은 멀리 떠난 것 같아
요즈음 방송보기가 겁나고 부끄럽다

소나무 옹이

- 창경궁 함인정涵仁亭 뜰에서

누구나 어릴 때는
바르고 티 없이 자라 큰 재목되고
세상에 크게 널리 쓰이도록
하늘의 기도로 키우는데
너는 어째서 올곧게 크지 못하고
두꺼비 모양의 깊은 상처 두르고
하늘 높이 섰는가

어려운 세상 살다보면
가슴 시린 아픈 상처
한 맺힌 서러움도 있을 터
넌들 언제나 고운 세상만 보고
자랄 수 있었겠는가

연인과 부딪치는 큰 싸움에도
깊은 상처 없이 살아가는데
동족의 전쟁과 나라 잃은 서러움은
그 아픔 잊지 못하고
가슴에 상처로 남는다

지난 36년 일제에게 나라 잃은 서러움
민족의 깊은 상처로 남아있는데
너 역시 그때의 아픈 상처 그대로
아직도 가슴속에 담아 그처럼
그 모습으로 서있는 게냐
이제는 8.15의 민족해방으로
자유민주주의 국가 이루고
경제발전으로 G20에 들어
국위를 선양하고 있으니
그때 서린 한 풀고
희망찬 대한민국을 위해 기도로 살자

성수대교聖水大橋

강남구 압구정과 성동구 성수동은
한강을 사이에 두고
아랫마을과 윗마을로 각기 태어나
먼발치서 얼굴만 바라보고 산다

생전에 손 한번 잡지 못하고
외롭게 살다 가는 줄 알았는데
1979년 뒤늦게 왕래의 길橋梁이 열렸다

견우와 직녀가 만나는 오작교보다
더 아름다운 꿈길이 이어져
박정희 대통령 준공 테이프 끊고 시주하니
너나 나나 그 기쁨 얼마였는가

국민의 총화로 한강의 기적 이루고
급하고 빠른 나라의 대동맥 이어가는 길목에서
뜻하지 않은 절교切橋의 비운이
32명의 혼魂을 강물에 띄워 보내니
그 한을 어찌하랴

윗마을 아랫마을 모두 고개 숙이고
온 국민의 애도로 장사지내고
기존의 교량을 모두 뜯어내어
새로운 교량을 튼튼히 세우니
안도의 한숨이 놓인다

새 등불로 어두운 길 밝히고
영혼위에 성수聖水를 곱게 뿌리오니
사무친 원혼을 달래시고
이 길 건너
영원한 그 길로 편히 가시옵소서

막말

요즈음 여의도 하늘에 가시가 돋고
뜰에는 푸르른 잔디와 해맑은 꽃향기 가득한데
시퍼런 비수匕首가 춤춘다
꽃의 가시는 잎과 꽃을 보호하고
꽃을 꺾는 자에게만 상처를 준다
이제 우리 몸에 박힌 가시는 뽑아야 편하게 산다
비수는 적에게 쓰는 무기이다
사람을 살생하는 비장의 무기이다
적을 분간하지 못하고 함부로 휘둘러서는 안 된다
나라를 지키고 국민의 생명과 재산을 보호는데
병법兵法으로만 사용해야 한다
남한을 침탈侵奪하려는 자에게나
남쪽 정부라고 하는 자에게나
남한을 적화赤化하려는 이적자利敵者에게나
사회질서를 파괴하고 국법을 어기는 자에게나 써야할 무기이다

가시에 찔리면 아프고 상처가 남는다
독毒이 있는 가시에 찔리면
상처는 덧나고 아물지 않는다
비수에 베인 상처는 깊어

아물어도 그 상처는 영원히 남는다
지난 역사는 너나 나나 다 같은 책임자
누구를 탓할 수 없는 시간의 흔적
지금 그 역사의 흔적을 들춰
나의 상처를 너만의 상처로 둔갑하는 위증은
가증스러운 변태요 새 역사의 퇴물이다
막말은 스치는 바람에도 가슴이 언다
향기 있는 아름다운 강산을
미래를 향해 가는 새아침의 노래를
여의도의 가시와 비수로 채우는 일은
양식 없는 이의 또 다른 역사의 죄
인간이기를 포기한 자의 망언일 뿐이다

지체 높다는 여의도의 너희가
어찌 이북이 꽂는 비수와
남한을 불바다로 만든다는 경거망동에
천안함 폭침, 연평도 포격에도 말 한마디 못하고
핵核을 가지고 있어도 어찌 꿀 먹은 벙어리인가
너의 평화와 인권과 정의는 이미 장사 지낸지 오래인데
어찌 죽은 혼魂이 이처럼 나라를 시끄럽게 하는가

천사의 눈물

- 사고 항공기 OZ214 아시아나 승무원에게

차라리 꽃이면 산과 들이나 화분에서 곱게 피어
귀여움과 사랑을 독차지하고
한 세상 편안히 살터인데
어찌 살아 숨 쉬는 여인이 되어
날으는 궁전宮殿의 천사가 되었는가

회전하는 날개의 소음과 진동을 몸으로 막고 인내로 견디며
승객의 안전과 편안한 휴식을 조심조심 늘 보듬는다

보라, 저 은빛 날개가
늠름한 자태와 위용으로
구름 위 하늘을 나를 때
횃불을 든 여신상처럼
인류애와 평화를 상징했지

샌프란시스코 공항 28L 활주로
한 마리 새되어 내려앉을 때
아니 저 충돌과 찢어지는 굉음
어찌 저 궁전의 날개를 접는가

보라, 저 가냘픈 여인의 용기를
맨발의 육신을 날리는 비호飛虎를
충격의 아픔과 슬픔도 져버리고
사지死地을 뻗어나는 몸부림은
한국의 피를 받은 맹호猛虎, 인류의 수호신이다

검붉은 화마火魔 속에서
12명의 천사가 신명을 바쳐
289명의 목숨을 건지고도
들어오는 인천공항의 문턱에서
우리와 마주할 때
고개를 떨구고 뜨거운 눈물을 흘린다

두 사람의 유명幽冥을 달리한 영혼과
아픈 상처를 달래는 눈물을 흘린다
책임을 다 못한 눈물이란다
기특하고 거룩하다

그래서 너는 꽃보다 아름다운 천사
우리 국민이 너에게 찬사를 보낸다
너의 눈물이 우리의 가슴을 울린다

일처다부一妻多夫로 살다

어느 가을 미모의 꿈 많은 똑똑한 처녀가
용기 있고 씩씩한 젊은 남자의 청혼을 받아
결혼하고 살더니 얼마 후
전문기술사와 살고 얼마 후에는
공학박사와 살림을 차렸다

얼마를 지나 기업체 사장하고 살더니
나이가 들어서는 명예가 필요했는지
대학교수와 살림을 차리고 이번에는
죽어서 가는 길이 걱정이었는지
불법佛法에 심취한 법사法士와 산단다

요즈음은 사士도 싫고 대학교수도 싫고
법사도 싫어 자연과 인간을 노래하는 시인과
뒤 늦게 살림을 차렸단다
아직도 원願이 안 풀렸는지
이번에는 재벌타령이다

일처일부一妻一夫로 사는 것도 부러운데
일처다부一妻多夫로 사니 그 복 얼마인가
그 남자는 재벌로의 변신은 능력부족으로
이제 여기서 끝장을 내야 할 판이란다
그 여자도 이제는 남자를 그만 얻어야 할 걸

미안해

신의 축복으로 너와
내가 함께 가기로 약속했는데
여기에 멈추어 서서 내가
목적지까지 못 가고
너와 아이만을 가게 해서 미안해

이것은 처음부터
너를 속인 것은 아닌데 나를
아마도 못가도록 붙드는 것은
마음 변한 신의 뜻일 거야

40세의 후반인 나보다
20세가 적은 모로코의 이방인 아내
내가 이럴 줄 알았으면
처음부터 너를 거부했어야 했는데
정말 미안해

아내는 무거운 침묵의 눈물 흘리고
두 살 철부지 딸 라완은

아무것도 모르고 아빠의 등을 탄다
6월의 신록新綠도
너의 슬픔에 젖어
고개 숙인 채 풀죽어
깊은 한숨만 몰아쉰다

건강을 기원하는 나의 기도를
너의 마음에 보탠다
나도 미안해

* 2013년 6월 20일 방송된 TV 프로그램 <인간극장>을 보고.

말馬

어떻게 지구에 너처럼 크고
매혹적인 동물이 태어났나
본래 야성으로 거칠던 네가
언제부터 그처럼 순하게 살게 되었나

풀을 먹고도 힘 좋게
달려야 하는 습성이
몽고의 저 끝없는 평야를 넘어
전 세계를 밟고 호령하던 너
품위 있는 걸음걸이는
도도하고도 위엄이 있어
영국의 귀족을 만들고
앞발 들어 비상하는 위용은
정의의 표상이지

비월로 장애물을 넘고
총알같이 달리고
인간의 짐을 지고도
힘들다 말하지 않는 충복

지나친 충복에 목이 잘리고
전장에서 전사한 주인의 유품을 물고
한 걸음에 집으로 달려와
주인마님을 울리고 네가 죽으면
주인 앞에 너의 무덤馬塚을 만들었지

전쟁에서 너의 주인보다도
너에게 입혔던 갑옷은
너를 사랑하는 인간의 모습
자동차나 비행기가 있어도
아직도 우리의 사랑은 너와 함께 한다

늘 오기를 기다리는 백마 탄 왕자는
꿈꾸는 여인의 사랑으로 산다
갓 쓴 선비의 위용은 너의 말총에서 오고
선비의 붓글씨는 너의 갈기에서 오니
선비의 위풍과 위세가 너에게 있어
아직도 문명의 컴퓨터가 너를 넘지 못하는 구나
우리의 말言도 너의 말馬과 같았으면

통곡의 벽痛哭之壁

- 포천 천주호에 서서

살점을 여의는 것은 큰 아픔, 상처도 크다
이 강산에서 오래도록 곱게 자란 산하의 모습이
뜻하지 않게 침략의 손에 잘려 나갔으니
그 아픔과 슬픔 말로 할 수 있나

내 것은 귀한 것 누구도 손댈 수 없는 것
그러나 떼어가는 도둑질에도 내 것이라 말하지 못하고
목을 내놓고 죽기를 기다렸던 너
참으로 비통하구나

팔도 잘리고 다리도 잘리고
심지어 몸통까지 내어주고도 울지 못하고
지금은 죽어 병든 채
통곡의 벽에는 바람만 머물다 가는구나

하늘은 너의 아픔을 안다
나도 너의 슬픈 역사를 안다
그래서 하늘은 너에게 치유의 빛과 양식의 비를 내리고
나도 너에게 슬픈 역사를 덮으려

아트벨리art valley를 건설했다

통곡은 눈물이 아니다
피를 토하는 것이다
이 절벽에서
통곡하는 이는 피를 토한다
천주호에 고인 물은
통곡으로 토해낸 피이다

깊은 절벽에서 바람의 공명이 일고
냇물에는 처절한 슬픔이 흘러간다

발굴된 시간

나는 늘 가고 있다
오늘은 가지 않고 서있으리라 했는데
자동차 바퀴가 도로 위를 달려가고
건물도 나를 비켜간다
포천 돌 문화전시관 앞 마네킹이
비스듬히 서서 오색 조각품을 이고 가고
모노레일은 레일을 먹고 간다
여기저기 깊은 상처뿐인 화강석
천주호와 맑은 물이 그 아픔 보듬어가고
산에 나무는 녹색을 먹고 가고
빗물은 나를 피해 바람 따라 대지 위를 밟고 간다
조각공원, 평화의 문
공간을 나누어 여신상을 이고
창조의 세계로 가고
발굴된 시간의 터에는
남쪽에 어머니, 북쪽에 아버지가
지난 채굴의 상흔을 삼키고 간다
둥근 손가락 원심의 약속은
거룩한 은총으로 새로운 삶을 찾아가고

민족의 염원은 분단과 6·25전쟁의 슬픈 역사
한반도의 평화를 꿈꾸며 간다

* 포천 아트벨리에서

존재의 이유

네가 있음에 내가 있고
내가 있음에 네가 있지

우주법계는 너와 나의 존재에 있고
삶의 진리는 공생과 희생에 있지

존재의 이유는 윤회輪廻와 창조創造에서 오고
해탈解脫은 존재의 이유을 끊는데 있다

오늘도 나는 너를 먹고 간다
너는 나의 유일한 존재 이유이다

약속約束

미래의 희망을 위한 자유의 비상
문이 없어도 나가지 못하고

사랑의 동행을 위한 마음의 행로
채우지 않았어도 풀지 못하고

봉사와 희생을 위한 삶의 여정
그리지 않았어도 지우지 못하고

주검을 위한 영혼의 안식
삶의 은총이 죽어도 역사에 남는다

그래서 약속은 위대하고 신성하다
그래서 오늘도 약속 위를 걷고 있다

물水

물은 자연의 생명이고 인류의 문명이다
물은 대류對流로 순환循環하고 태양으로 숨쉰다

물은 가장 깨끗하고 순順하여 자연에 잘 순응하고
물은 가장 선善하여 인류의 모범이고 스승이다

물은 귀천貴賤이 없고 지위의 높고 낮음이 없어
인류의 평등과 사랑의 교훈으로 자연의 도道를 이룬다

사람이 물을 사랑하지 않으면 하늘이 노여워 재화를 주고
사람이 물을 아끼지 않으면 하늘이 목마름의 고통을 준다

사람은 자연의 위대함을 깨닫고 자연을 아껴 사랑하고
자연은 물의 생명을 귀하게 여겨 잘 받들게 해야 한다

그래서 물이 강에서 병들지 않고 고향바다로 돌아가
천기 먹은 생명의 물로 인류의 찬란한 역사를 만들어가야 한다

4대강 살리기는 생명의 길, 우리의 문명을 새롭게 만드는 역사
이제 다 같이 기뻐하며 물에 감사하고 소중함을 영원히 기리자

* 2012 임진년 3월 6일. 4대강 살리기 자료정리 중 물을 생각하며

워낭소리

뜰 옆 적막한 선방에
맑고 둥근 눈 지그시 감고
가부좌를 틀고 앉아
법문하는 부처님 같은 상을 본다

평생 동안 멍에를 메고
중생을 위한 고행을 하며
겨울에는 탁발도 마다하고
거적을 쓴 채 청빈하게 산다

전생의 양순한 업으로 태어나
중생에 귀의하여 순종하고
심우도[30]의 성찰로
중생의 깨달음을 준다

끝내는 자신의 보시布施로
육신마저 훌훌 벗어 바치고
넋만이 천상에 간다
워낭은 두고 소리도 간다

---

30) 심우도(尋牛圖): 불교의 선종(禪宗)에서 본성을 찾는 것을 소를 찾는 것에 비유하여 그린 선화(禪畵). 일명 십우도라고도 함

갈대

바람을 흔들어
흰머리로 허공을 빗질하니
저 멀리 떠있는 구름은
하늘에 머물지 못하고
서쪽을 향해 흐른다

숲속에 잡초와 가시나무들
계절을 뚫고 돋아
바람을 머금고
늘 아픔과 상처를 주니
태양이 아프게 머문다

촉촉한 숲속에 뿌리를 박고
한여름 시름없이 자라
밝은 하늘을 보고
서서는 늘 신선神仙처럼
머무는 것을 쓸고 있다

쓸어야 비우고
비워야 채우니
마음속에 담아 둔 아상我相은
당신의 하얀 선심禪心에
이 가을의 파란 하늘을 채우고 싶다

소나무

사찰에 소[31]가 간다
너를 찾고 너를 보아야
나를 보고 나를 안단다

팔만사천법문 다 외우고
그 의미 백번을 뇌까려도
지키고 실행하지 않으면
얻은 게 무엇인가

계절의 아픔도 잊고
늘 푸른 모습에 하늘을 이고
몸에는 철갑을 두르니
거친 세월도 비켜가는구나

바늘 같은 잎새
번뇌 망상을 꿰고
삼독을 멸하니 이제는
너에게 귀의歸依해야 하는가 보다
소나무牛南無[32]야!
소나무야!

---

31) 소(牛): 심우도(尋牛圖) 또는 십우도(十牛圖)
32) 나무(南無): 불교에서는 귀의(歸依)한다는 뜻

제4부

병아리 알을 품다

봉래정蓬萊町 4정목4町目

내가 태어난 곳
서울 봉래정 4정목은 어딘지 모른다
그러나 할머니, 어머니가 말씀해주신 곳
구 양정고등학교 밑 언저리
좁다란 골목길 옆이란다

두어 칸 쪽마루 방이
시장 통에 접해서 복잡했던 곳
80년 만에 귀향한 어머니의 산실
나의 탄생, 고향이란다

나주나씨羅州羅氏 증조할머니도 예뻐했다
한 살 때 고깔모자 쓰고
시집온 새색시 방에서 숙모님과 눈 맞추고
까꿍! 하는 웃음으로 신부의 긴장도 풀었단다

어느 날
서툰 걸음으로 엄마의 치맛자락을 놓쳐
헤매던 길, 고반소에 업혀가

빵 먹던 기억이 난다

기미년己未年 대한민국 만세는
굴레 벋는 해방의 자유를 얻고
손때 묻은 잔재 청산에
고향의 이름은 잠자는 역사가 되었다
지금 그때 어머니의 산실, 고향을 가보고 싶다

까치집

안양 평촌 할아버지 댁에서 살 때
개울가에는 커다란 버드나무가 있었다
그 나무 꼭대기 근처에 까치집이 있어
봄만 되면 까치들이 날아들어
한여름을 바삐 보낸다

어느 날 어른들이 멀리 청계산에
나무를 하러 간다기에
서투른 지게를 지고 따라나섰다
청계산은 멀기도 하지만 산세가 급해
어른들도 다니기가 어려운 곳이다

산에 가보니 여기저기 죽은 나무가 많고
쓰러져 오래된 삭장구[33]도 많았다
소나무 밑이나 참나무 밑에는
솔잎과 갈잎이 수북이 쌓였다

부엌에 땔 나무가 빈 것을 보고

---

33) 삭장구 : 삭정이의 사투리. 죽은 나뭇가지.

저것을 가져다 부엌을 채우면
어머니가 좋아하실 것 같아
나무 등크럭[34]과 삭장구를 힘껏 지게에 얹었다

내려오는 길에 지게 다리가 땅에 걸려
넘어지기도 하고 힘이 들어 쉴 때마다
나무를 하나씩 버렸다
10번도 더 쉬고 열 번도 더 버렸다
집에 와보니 지게 위에는
삭장구 몇 개만이 남아있었다
어머니가 보시더니 웃으시면서
"수고했다" 앞으로는 하지 마라

그 먼 곳에서 지고 온 나무가
내가 힘껏 지고 온 나무가
저 까치들이 물어 날라 지은
까치집만큼도 되지 않았다
처음으로 욕심은 금물임을 알았다

---

34) 둥크럭 : 나무를 베고 난 후 썩은 밑둥치

국밥

중학교 때 토요일 수업을 마치고
집으로 가는 길에 할아버지를 시장 어귀에서 만났다
"상호야 점심 먹었니?"
"아니요."
"그러면 이리 오너라."
시장 어귀 국밥집으로 데리고 가셨다

무쇠 솥에 국을 끓이고
나무 식탁에 나무로 만든 긴 의자에 앉아
주인아주머니가 퍼 주는 국밥을 먹었다

소의 내장과 양이 있었고
무도 얇게 썰어 넣은 것 같고 콩나물도 있었다
검은 뚝배기에 뜨끈한 국물과 건더기를
넣어준 국밥이 그렇게 맛있는지 몰랐다

집에서는 호박풀떼기 꽁보리밥 좁쌀밥만 먹다
쌀밥에 맛있는 국밥을 먹으니
그 맛 아직도 잊지 못해 가끔은
포항 광양 서울에서

재래시장을 헤매 국밥집을 찾았으나
그 맛이 나는 국밥은 아직도 찾지 못하고 있다
그 국밥이 지금도 먹고 싶다

아침 빵

초등학교 6학년 때
민효식 담임선생이 열성으로
학교에서 아침과외를 했다
이른 시간이라 아침을 먹고 오지 못해
밀가루를 거둬 아침 빵을 만들어 먹었다

아침 식사용 빵을 만들 준비는
여학생들이 돌아가면서 담당했다

어느 날 영옥이가 담당이었는데
내게 조그마한 모서리 빵을 주었다
내가 큰 것으로 달라고 했더니 안 된다고 했다
화가 나서 빵을 팽개치고 먹지 않았는데
나중에 영옥이가 미안하다고 사과했다
나는 대꾸도 하지 않았다

영옥이는 우리 집 옆집에 살았는데
그의 자매가 함께 학교에 다녔다
동생보다 마음씨가 좋았고 공부도 잘했다

지금 그 애를 만나면
'그때 내가 화내서 미안했다'고 말할 텐데

벌거벗은 용서

집에서 한 2km 쯤 떨어진 곳
방주마을에 흥안초등학교가 있어
농로의 마차 길로 학교를 다녔다

주변 논들은 천수답이었으나
지대가 높은 논에는 웅덩이를 파서
농번기에 물을 대곤했다

동네 근처에 새로 웅덩이를 팠다
웅덩이를 판지 얼마 되지 않아
웅덩이 흙막이 섶도 그대로이고
물도 흙탕물이었는데
하루는 학교에서 집으로 오는 길에
친구들과 미역水泳을 감았다

논 주인이 지나가다 이놈들을 혼내주려고
벗어놓은 옷과 가방을 가지고 동네로 가고 있었다
뒤 늦게 알고 알몸으로 쫓아가 손으로 빌며 옷을 달라고 했다
주인은 안 돼, 너희들 새로 판 웅덩이에 미역을 감으면

웅덩이가 무너지는 거 몰라 이놈들아

친구와 둘이서 발가벗은 채로 허리를 구부리고
다시는 미역 안감을 테니 그 옷하고 가방 주세요, 하며
손을 싹싹 빌고 가는데
여학생들이 우리를 보고 킬킬거리며 뛰어갔다

기찻길

안양초등학교 2학년 때다
학교에서 파하고 집에 올 때는
철로를 따라 집으로 왔다

가끔은 못을 철로 위에 놓아두면
기차가 지나가 못이 납작하게 된다
납작한 못을 갈아서 칼도 만들어보고
꼬챙이도 만들고 장난감도 만들어 놀았다

하루는 친구와 오다가 돌을 철로 위에 올려놓았다
철도 검사원에게 들켰다
"저놈들 잡아라"하는 바람에 도망을 쳤다

철로에서 논으로 뛰어내려 달아나는데
그만 발이 논에 빠져 새 신발을 잃어버렸다
잡힐까 두려워 되돌아가 찾지도 못하고 집으로 왔는데
신발을 잃어버렸다고 아버지한테 꾸중 들을까 걱정돼
그날 밤 한숨도 못 잤다

쥐불놀이

정월대보름 쥐불놀이와 논두렁 태우기는 신난다
얼음지치기도 신난다
농사철에는 놀이를 그만해야 한다
겨우내 날리던 연鳶도 날려 보내야 한다

어머니가 새로 만들어준 검정 솜바지를 입고 썰매를 지쳤다
서서 타는 썰매라 밀대로 바지 밑을 찢어먹고
얼음판에 넘어져 논두렁 태우는 불에
젖은 바지를 말리다 한 귀퉁이를 태워먹었다

어린 마음에도 새 바지를 태워 아까운 마음이 들었고
어머니 보기를 걱정했는데
꾸중들은 기억은 없다

요즈음 손자 손녀들이 심하게 놀아도
꾸중을 하지 말아야 어린마음이 편할 것 같고
어린마음이 편해야 너그럽게 자랄 것 같다

병아리 알을 품다

초등학교 입학하기 전
안양에서 춘자네 집에 세들어 살았다
한옥이었는데 ㄱ자 집의 대청 건너방이었다
방 앞에는 짚으로 만든 둥지에
병아리 알을 품고 있는 닭이 있었다

어머니가 저 달걀은 병아리 까는 알이라
건드리면 안 된다 하셨다

내가 품으면 안 되나 하고
하루는 알 두 개를 몰래 꺼내
조끼 주머니에 넣고 자다가
잠덧에 그만 깨고 말았다

새로 입은 조끼가 달걀로 뒤범벅이 되었다
어머니가 보시고 '이게 웬일이야' 하시며
주인에게 '애가 달걀을 깨 미안하다'고 하시며
달걀 값을 준 것 같다

어린마음에 나도 달걀을 품으면
병아리가 되는 줄 알았는데
잠덧에 그만 달걀을 깨고 말았다
그때 잘 품었으면 병아리가 되었을 텐데

새 생명으로 살다

안양에서 살 때 많은 비가 왔다
어느 여름날 비가 너무 많이 와
안양천이 홍수로 넘쳐흘렀다

물이 어느 정도 빠질 때쯤
안양천 교량 옆으로 물 구경을 갔다
교각의 날개, 석축 위에서 장난을 치다
미끄러져 그만 물에 빠져 떠내려갔다
건져 주는 사람도 없이 급류에 휩싸여 떠내려갔다
그 곳은 비산천飛山川과 합류지점이라
와류로 인해 건너편 제방으로 밀려나와
살아나올 수가 있었다

천우신조天佑神助였다
그때 내가 하천 건너 제방으로
떠 밀려가지 못했으면 물귀신이 되어
저 세상으로 갔을 것이다

하느님의 보호로 산 것 같다
정말로 하느님께 감사하고 감사한다
살 사람은 어느 경우라도 사는가 보다

연날리기

어려서 놀이라고는
딱지치기 자치기 구슬치기 연날리기뿐이라
겨울에 서풍이 불 때는
바다의 가오리와 문어가 하늘을 난다

어린 솜씨에 백지를 가오리모양으로 자르고
꼬리를 3자쯤 달고
할머님이 물레에 저은 실꾸리를 가져다
설기설기 엮어 신작로에 나가 달리면
바람을 안고 가오리가 하늘로 난다

어느 날 커다란 방패연이 뒷집 담 넘어
내 가오리연 영역을 침범하더니 싸움을 건다
가오리연 실을 탁 채더니
하늘로 쉬익 끌고 올라가 실을
스르르 풀더니 연실 목이 툭 잘려 날아간다

쫓아가 보았더니 방앗간 아저씨였다
내 연 내놓으라고 울었더니

조그마한 방패연을 만들어주고
실 감는 얼레도 만들어주고
사금 입힌 실도 주었다
그래서 나도 다른 가오리연 실을 툭 자르는
연날리기의 어린 왕초가 되었다

등잔

불은 문명의 이기利器로 오고
빛은 어둠을 밝히는 역사에서
국난과 전쟁을 봉화로 막고
자유와 평화는 횃불로 온다

그때 깜깜한 밤이 오면
작은 화신이
짙은 어둠을 사르고 별처럼
한 많은 여인의 가슴을 태우며
선비의 과거科擧를 본다

무명無明도 어두운 밤이다
불과 빛으로 밝히지 못하고
심산心山의 깨달음과 지혜로 밝힐 수 있어
빛보다 밝은 마음의 등불로 살아야한다

모내기

시골 할아버지 댁에 살았어도
우리 집에는 논밭이 없었다
동네의 세 마지기 소작논을 짓는 것이 고작이다
봄에 모판을 내고 못줄을 띄워 모를 냈다

어른을 따라 나도 주말에 모를 낸 적이 있다
다리에 온통 거머리가 달러 붙고
옷이며 몸이며 온통 흙탕물로 뒤범벅이다

새참과 점심을 먹을 때는
논두렁에 둘러앉아
담소하며 힘겨운 휴식을 갖는다

풀밭에 누워 구름 가는 하늘을 보며
이렇게 살아서는 안 되지
앞으로 어찌 살아야 하는가
희망을 가지고 서울로 가자
이때가 나의 유랑생활의 시작이다
이때부터가 나의 참된 생활의 시작이다

베틀 · 1

허브아일랜드에 가보니 우리 할머니가 와계셨다
박물관 모퉁이에 놓여있는 나지막한 베틀
누운다리에 비스듬히 앉아
실밥을 고르며 베를 짜고 계셨다

끌걸이 짚신에 뽀얀 발을 넣으시고 당겼다 놓았다 하니
나부산대가 오르고 내릴 때마다
매끄러운 북통이 씨실을 뱉으며
동에서 서로, 서에서 동으로 가니
누에고치가, 목화 꽃이, 마麻에서
비단이며 무명이며 삼베가 나온다

철커덕 척, 바디치는 소리
삐거덕 삑, 용머리 원산대의 노래가
한 줄 한 뼘씩 원단을 늘리고
가족의 몸을 감싸며 밥을 먹이고 있다

화덕 불에 누에고치를 삶아 비단실을 뽑고
물레질로 목화솜에 실을 타고

삼대를 삶아 줄기만을 송곳니로 가르고
할머니의 무릎에서 명줄을 잇는다

시골마당에 불을 피워
명줄에 풀을 먹이고 뱁댕이를 끼우며
도투마리에 감아
베틀 앞다리에 기대 놓으신다
옛날 시골 집 할머니 방 창틀 옆에
놓였을 때는 그리도 커보이던 베틀
지금은 이렇게 초라하고 쓸쓸한 모습이니
그때 할머님 모습이 작고 애처롭게 보인다

베틀 · 2

주로 여인만이 타던 목마
여인의 채찍에 네가 울고
네가 우니 여인도 따라 운다

무명 명주 모시 삼베는
길쌈 매는 여인의 손끝에서
원시의 태를 벗고 문명의 날개를 단다

창문에 비친 아침 해가
너를 깨워 달리고
저녁 달빛이 너를 잠재운다

지난 세월 여인의 사랑을 싣고
힘차게 달려 왔건만 지금은
박물관에 쪼그리고 앉아
주인은 어디 보내고
그처럼 초라한 모습인가

슬퍼 마라, 너는

오늘의 찬란한 인류의 날개를 단
여인의 눈물이요 여인의 한이니
우리는 너를 잃지 않고 길이 기억하리라

물레

경계를 없애야 앞을 보고
면벽을 허물어야 바람 가는
마음의 문이 열린다

양손을 마주한 기도로
공空한 법륜法輪을 돌리고
가슴에 쌓인 여인의 한을
실꾸리의 명命줄로 이어낸다

문익점文益漸의 붓대에 핀 목화 꽃
꽃 속에 담긴 삼독三毒을 버리니
씨아[35]에서 부드러운 솜 살이 피고
물렛줄이 고동[36]을 돌리니
그 한恨인들 서리겠는가

내 그리운 것은 베틀에서
씨줄 날줄로 살고

---

35) 목화씨를 빼는 기계
36) 실을 엮는 대

백의에 천사로 태어나
임 만나기를 기다린다

문간방

골목길 옆 문간방에
가로등의 희미한 불빛이 드리우면
별들이 모여 하루의 피로를 풀고
굳은 표정의 달이 엷은 미소가 인다

손바닥만 한 좁은 뜰
수도간과 장독대가 있고
장독대 밑이나 옆에는
연탄 광이나 허드레 창고가 있어
아침저녁에는 늘 마당이 부산하다

안채에는 달이 뜨고 별을 보나
문간방에는 해가 지는 석양도 없이
그저 저물어가는 저녁만이 오고
쪽마루에는 보름달도 없이 반쪽 달로
반쪽하늘에 반쪽별이 뜨고 진다

30번도 넘게 옮겨 살던 문간방
새드는 달빛에 시름을 놓고

밝은 희망에 어두움을 먹이며

그저 동東으로 가는 꿈만을 키웠다
그저 침묵의 불을 켜고 동을 향해 걸었다

고사리

옥체玉體는 피가 굳고
뼈를 갈아야 빛이 난다

마음에 세월을 닦고
혜안에 세상을 읽어
천상을 이곳에 낮추면
긴 숨에 침묵이 온다

모두 노아야 버려야 닦아야 피가 굳고
모두 지워야 태워야 없애야 빛의 체體가 된다

이것은 닦아서만도 아니고
이것은 기도만으로도 안 되고
이것은 본성이 깨끗해야만 되는
본성이 빛이어야만 된다

죽어서 남기는 것은 업業이고 이름이라도
육신이 남기는 것은 옥체의 사리舍利이다

아버지 어머니 묏자리에
여기저기에 옹기종기 돋으니
아버지의 몸 사르어
땅속에 사리구슬 맺혔으려니
태고의 넋을 이어가시는가

강변 솔바람

-동생 金順浩 古稀에 부쳐

어린 시절 골진 초가지붕에 조롱박 열리고
싸리나무 울타리에 나팔꽃, 호박넝쿨 엉켰을 때
길가에 핀 코스모스도 힘없이 하늘거리고
높은 하늘에 떠있는 구름도
버틸 힘없어 그토록 쏟아냈던 비
너의 작은 가슴에 담고 힘겨워했던 세월
그리움 보다 잃어버리고 싶은 추억

서울에서 그 많은 이사移舍의 서러움은
어두운 별빛으로 달래며
지아비를 얻어 마포에서 신혼 짐을 싣고
강변 솔바람 맞으며 약수동에 갔다 올 때
그 아련한 마음에
밀려온 눈물로 가슴을 메웠지

아직도 지아비는 건강하고
두 아들과 며느리 손자
착하고 귀엽고 아름다우니
이처럼 좋은 행복이 있겠는가

어려웠던 지난 세월
이제는 꿈에 접고
내일의 축복을 위해
여생을 건강하고 아름답게 살거라

호박

너는 인간미 넘치고 마음이 훈훈해 사랑을 받지
아침이슬 듬뿍 받아 노랑꽃 싱그럽고
해 맞아 꽃 피울 때 네님은 꽃 속에 기氣를 넣지

땅에 기어도 가고 버팀대에 올라도 가고
싸리 울타리 감고 돌아 촘촘히 기어오를 때
네님의 기가 주렁주렁 호박으로 영근다

엄마 손은 모질어 너의 아픔 생각지 않고
툭툭 따다 허기진 새끼들 배를 채워도
너는 순종하는 삶을 살고
새순이 새파랗게 질려 허공을 비집고나올 때도
모질게 꺾어다 무쇠 솥에 넣고 푹 쪄
쌈장에 한 쌈 싸면 쌉쌀한 입맛 돋우지

애호박 늙은 호박
시간 따라 철따라 이름도 바뀌고
넉넉한 마음에 모질지 못한 성품이
네가 사랑 받는 이유지

너와 된장의 궁합은 우리의 전통역사
서민의 시름을 입맛으로 달래주고
아무리 구박해도 사랑을 먹이는 너는
장미의 고백보다 호박의 아름다운 희생이 좋다

김상호 시집

발굴된 시간

초판인쇄일 2014년 2월 20일
초판발행일 2014년 2월 26일

지은이 : 김상호
발행인 : 김순진
편집장 : 전하라
디자인 : 김초롱
펴낸곳 : 도서출판 문학공원
등　록 : 2004년 3월 9일 제6-706호
주　소 : (우편번호 130-814)서울 동대문구 난계로 26길 17호
삼우빌딩 C동 302호 스토리문학사
전　화 : 02-2234-1666
팩　스 : 02-2236-1666
홈페이지 : http://cafe.daum.net/yob51
이메일 : 4615562@hanmail.net

※ 잘못된 책은 교환해 드립니다.
※ 책값은 뒤표지에 있습니다.